中国红色基因库丛书
红色天长
天长市关心下一代
工作委员会 编

罗炳辉将军（上册）

安徽美术出版社
anhui Fine Arts Publishing House

图书在版编目（CIP）数据

红色天长：罗炳辉将军 / 天长市关心下一代工作委员会编. -- 合肥：安徽美术出版社，2024.9. -- （中国红色基因库丛书）.-- ISBN 978-7-5745-0648-0

Ⅰ.K825.2

中国国家版本馆CIP数据核字第2024B6Q929号

中国红色基因库丛书——红色天长·罗炳辉将军
ZHONGGUO HONGSE JIYINKU CONGSHU —— HONGSE TIANCHANG · LUOBINGHUI JIANGJUN

出 版 人：王训海	项目统筹：秦金根　张庆鸣
责任编辑：张庆鸣	特约编辑：乔利利
责任校对：司开江	责任印制：欧阳卫东
装帧设计：秦　超	图片绘制：常　俊

出版发行：时代出版传媒股份有限公司
　　　　　安徽美术出版社（http://www.ahmscbs.com）
地　　址：合肥市政务文化新区翡翠路1118号出版传媒广场14F
邮　　编：230071
编 辑 部：0551-63533625
印　　制：合肥华云印务有限责任公司
开　　本：889 mm×1194 mm　1/24　印张：12
印　　数：1—32000
版（印）次：2024年9月第1版　2024年9月第1次印刷
书　　号：ISBN 978-7-5745-0648-0
定　　价：49.80元（全2册）

如发现印装质量问题，请与我社营销部联系调换
版权所有·侵权必究
本社法律顾问：安徽承义律师事务所 孙卫东律师

人民的功臣罗炳辉同志不朽

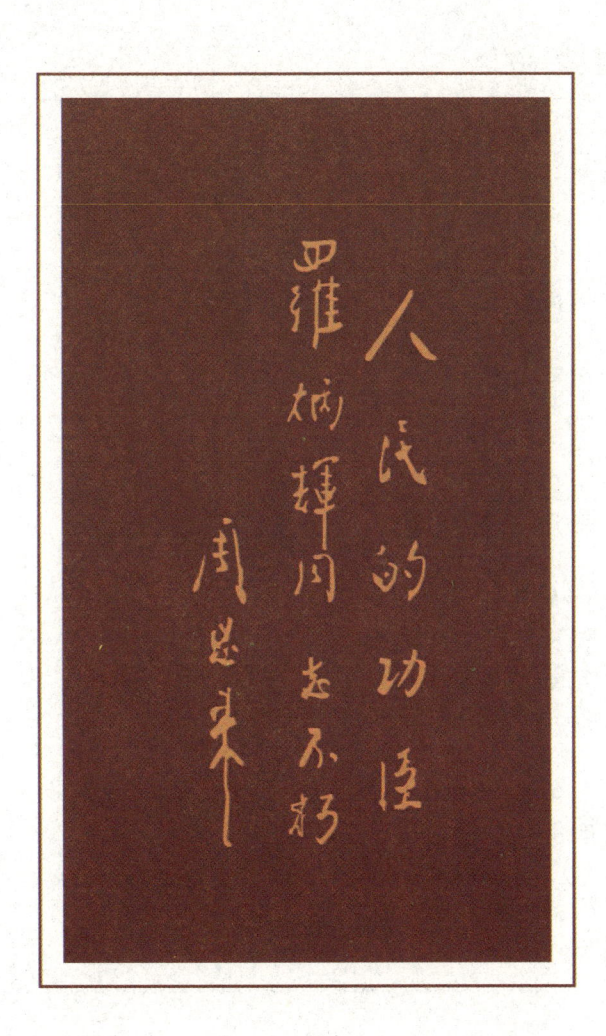

周总来

编委会

名誉主任：
阚绪瑞　王　林

主　任：
仲文耀

常务副主任：
舒　畅　许松林

副主任：
汤长玉　杨丘远　王友仁　吴祥贵

委　员：
叶晓东　曾仁林　曹文香　贺敏星
何允斌　董启湖　钱玉亮　薛才祥
徐梅娟　李振霖　冯　君

文　字：
李旭东

法律顾问：
祝发平

序　言

　　罗炳辉将军是被中央军委确认的新中国著名的36位军事家之一，是100位为新中国成立作出突出贡献的英雄模范人物之一。1939年8月，罗炳辉率部东进津浦路东地区，开辟敌后抗日根据地，打击日伪军、顽军，和安徽天长等地人民共同奋斗了6年之久。天长曾两度易名炳辉县，以纪念和缅怀他。为进一步讲好红色故事，助推红色基因传承建设，安徽天长市关心下一代工作委员会启动了《红色天长——罗炳辉将军》连环画编绘工作，立足红色历史资源，追忆往昔峥嵘岁月，展现先辈革命精神，促进广大青少年健康成长。这是一件非常有意义的事情。

　　连环画又称小人书，是一种历史久远的我国优秀传统艺术。少年儿童对它情有独钟，成年人也十分喜爱。作为中国特色文化载体，它对传播红色经典、展示红色文化具有重要作用。《红色天长——罗炳辉将军》通过挖掘罗炳辉将军在安徽天长的革命活动历史，结合群众之中口口相传的故事，采用传统连环画的呈现方式，再现了革命先辈远大的革命理想和璀璨的革命人生。这些故事从小处着手，小中见大，以点带面，塑造了一个有血有肉、有情有义的罗炳辉将军形象。该连环画分上下两册，已列入"中国红色基因库出版工程"系列丛书。全书通过艺术的加工，强化情节的塑造，增强了故事的生动性和趣味性，可读性和历史画面感都很强。这是一部进行革命理想和传统教育的好教材。

  青少年是祖国的未来，也是中华民族的希望。习近平总书记强调："要抓好青少年学习教育，着力讲好党的故事、革命的故事、英雄的故事，厚植爱党、爱国、爱社会主义的情感，让红色基因、革命薪火代代传承。"（《在党史学习教育动员大会上的讲话》）《红色天长——罗炳辉将军》连环画的出版发行，为广大青少年接受红色教育提供了优秀的读物，让他们在自主阅读中潜移默化地触摸历史、铭记党的历史，播种理想信念种子、不断吸取思想养分、扣好人生第一粒扣子，让红色基因代代相传、红色文化永放光芒。

安徽省天长市关心下一代工作委员会

目 录

设宴交心开新局……………………………………1

"梅花桩战术"克顽敌………………………47

威猛战将爱孩子……………………………95

设宴交心开新局

　　罗炳辉智勇双全，团结、凝聚社会各界力量抗击敌人。在国破家亡、生灵涂炭之际，他肩负敌后抗战使命，率部挺进天长，主动与地方士绅、商人接触、交朋友，放手发动群众，迅速打开了天长抗战局面。

(1) 2014年5月，京沪新四军研究会"重走淮南抗日路寻访团"一行70多人来到安徽省天长市，缅怀先烈英灵，寻访父辈战斗足迹，弘扬红色精神。

设宴交心开新局

(2) 罗炳辉将军的儿子罗新安来了。他站在炳辉中学树人广场的罗炳辉将军铜像前,激动不已,其父亲当年在天长建立敌后抗日根据地的情景浮现在他眼前。

3

(3) 1938年12月,日军入侵天长城,国民党县政府不敢抵抗,弃城逃跑到铜城。

设宴交心开新局

(4) 日军侵占县城后，炮击附近多个村庄，派飞机轰炸铜城，到处抢掠财物，无恶不作。天长人民受尽苦难。

(5)1939年8月,新四军第五支队在司令员罗炳辉的率领下,陆续越过津浦铁路日伪军封锁线,挺进路东敌后地区。

设宴交心开新局

(6) 罗炳辉指挥部队分兵展开活动。八团一营、二营在天长、扬州一带开展敌后游击战争,夜袭秦栏镇,在横山反击日伪军合击。

(7) 国民党顽固派却破坏团结抗战。1940年春,他们派军队围攻第五支队机关驻地半塔地区,企图将新四军挤出路东或消灭在路东。形势十分严峻。

(8) 在中共中央中原局书记刘少奇和新四军江北指挥部英明领导下,第五支队等部队奋勇还击,取得半塔保卫战胜利。

(9) 参战部队乘胜追击,路东的国民党顽固派军队仓皇逃窜到三河以北地区。

设宴交心开新局

(10) 建立抗日民主根据地,发展革命力量的好时机来了。罗炳辉率第五支队到达大通镇,将司令部设在这里,宣传发动群众共同抗战。

(11) 中共天长县委书记周利人闻讯后,带着县委工作人员徐速之从铜城赶往大通镇曾家营,向罗炳辉汇报天长县抗日民主政权筹建工作。

(12) 罗炳辉仔细询问天长日伪军分布和活动情况，听了民众抗日宣传情况汇报，夸赞道："利人同志，你们的工作有成效，为天长建立抗日民主根据地创造了很好的条件。"

(13) 罗炳辉问:"你们还有什么困难吗?"周利人说:"请您速带部队到铜城,肃清反动残余势力!"罗炳辉答应:"少奇同志指示,建立抗日民主政府不能错过机会。我明天就带部队去!"

设宴交心开新局

(14) 罗炳辉又了解了天长社会中上层人士及开明人士情况,就团结爱国进步人士等问题,作出周密细致安排。周利人高兴地说:"太好了!一定按照您的指示做。我们在铜城等候您!"

(15) 第二天拂晓，罗炳辉率部分部队及民运工作队从大通出发，向东面的铜城进军。

设宴交心开新局

(16) 国民党县长听说新四军来了,吓得带人仓皇逃离镇上二帝宫驻地。逃跑前,他们四处散布谣言,恶意诽谤新四军和罗炳辉,闹得镇上人心惶惶。

17

(17) 罗炳辉到达铜城时已日上三竿。进镇前,他命令部队整顿军容风纪和行进队形,并向来迎接的周利人了解镇上情况。

设宴交心开新局

(18) 千年古镇铜城因汉代吴王刘濞造铜钱而得名,是天长北部最大集镇,也是苏皖两省商品集散地。走进镇内,昔日车水马龙的街上难见几家商铺开门营业,行人稀少。

(19)罗炳辉深知,创建抗日民主根据地必须团结社会各界力量,稳定人心。还未驻防好,他便安排民运工作队队员上街动员群众。

设宴交心开新局

(20) 队员们敲着锣,打着鼓,走街串巷,大声告诉群众:"新四军是人民队伍,是来打鬼子的!"

(21) 慢慢地,群众从家中探出头,看见新四军清一色灰军装,军容严整,也不再害怕,陆续来到镇中心"山海镇"听宣讲。

设宴交心开新局

(22) 罗炳辉又安排人去找铜城商会会长,请他到二帝宫见面。商会会长心神不定地来到二帝宫。罗炳辉从院内笑眯眯地迎上来说:"欢迎!欢迎!"

23

(23)进屋坐定,罗炳辉向商会会长说明新四军抗日宗旨及东进铜城的目的,希望商会合作,共同抗击日伪军。

设宴交心开新局

(24) 罗炳辉的坦率和诚意让商会会长紧张的心情放松了许多,他连忙说:"贵军不像国民党军队!请罗司令多多吩咐,我愿为抗日效卑微之力。"

(25) 罗炳辉笑着说:"我想和镇上各大商行户主和有名望的人士见面吃个饭,交交心,做个朋友。"商会会长连声答应:"好!好!"

设宴交心开新局

(26) 徐速之与罗炳辉商量后,开出人员名单,写好朱红色请柬交给通信员。通信员逐一送到各户。

(27) 看到请柬，有的商户心里犯嘀咕：哪朝哪代哪个军队来了，不是要钱要粮，就是抓壮丁，从没听说过请商户吃饭。去还是不去呢？身边的人出主意说："不去也不行，在一旁瞧一瞧再定夺。"

设宴交心开新局

(28) 举办宴会那天,心有疑惑的商户提前来到普济桥边有名的玉流居酒馆旁,躲在人群中悄悄观望。

(29) 罗炳辉身着粗布灰军装,一双大脚穿着布筋草鞋,站在酒馆门前,与陆续来到的客人一一握手,请他们进房入座。

设宴交心开新局

(30) 已近中午,还有两位客人没有到,罗炳辉吩咐通信员:"快上门再请一下!"

(31) 见此情景,两名商户连忙从人群中走出来,拱手向罗炳辉说:"罗司令,家中有事来迟了,请恕罪!"罗炳辉说:"没关系,来了就好!"他拉着商户的手,一起走进酒馆。

设宴交心开新局

(32) 罗炳辉来到桌子前，面带笑容，向客人敬酒说："炳辉此次来铜城，是为了和各位共商抗日大计。我谨代表抗日军民敬各位一杯。"亲切的话语，让屋内气氛顿时和谐起来。

(33) 罗炳辉向客人宣讲共产党抗日救国十大纲领，让他们了解全面持久抗日方针。

设宴交心开新局

(34) 客人们频频点头,高兴地与罗炳辉交谈。一位客人说:"贵党贵军盛情设宴款待我等,实在是礼贤下士。您的一番教诲使我们茅塞顿开。"

(35) 宴会结束，罗炳辉对客人们说："请各位到商会继续交谈。""好的！"大家离开酒馆，慢慢地向北街走去，边走边谈，途中不断有人加入进来。

设宴交心开新局

(36) 镇中心北面的刘氏宗祠是铜城商会的办公场所。罗炳辉他们到来时,这里已经聚集了不少群众。

37

(37)众人随着罗炳辉进入宗祠大厅。商会会长、徐速之等人安排人员就座。

设宴交心开新局

(38) 见众人坐定,罗炳辉说:"去年8月,日本鬼子轰炸铜城,乡亲们遭殃受罪。上个月,国民党顽固派想消灭我们,我们坚决反击,打跑了他们,天长县老爷也是屁股上抹油——溜了!"大家笑了起来。

(39) 看着身边周利人等人，罗炳辉宣布："我们马上在铜城建立天长县抗日民主政权，大力发展武装。有了民主政权和自己的武装，我们就不再受人欺侮和摆布啦！"众人高兴地鼓掌。

设宴交心开新局

(40) 针对士绅、商人害怕分财产的疑虑，罗炳辉说："我们建立抗日民主根据地，是为了帮助人民，保卫家乡。"他问道："新四军进驻铜城后，哪家财产被分了？请诸位不要听信谣言！"

41

(41)罗炳辉宣布:"抗日民主政府是人民的政府,我们取消旧政府一切苛捐杂税,大家的合法利益都会得到保护!"开诚布公的话,像春风化雨滋润众人心田,大家激动不已。

设宴交心开新局

(42)罗炳辉慷慨激昂地说:"抗日救国,匹夫有责!在民族危亡之际,我们的政策是团结一切可以团结的力量共同抗日。欢迎诸位参加抗日工作!"会场气氛更加热烈。

(43) 1940年4月中旬，天长县抗日民主政府在铜城二帝宫成立，各阶层民众很快发动起来，抗日根据地各项工作蓬勃开展，天长抗战打开了新局面。

(44) 后来,为纪念功勋卓著的罗炳辉将军,天长两次改称炳辉县。罗炳辉的光辉业绩和革命精神长留在天长人民心中。

(45) 联谊活动结束后,"重走淮南抗日路寻访团"来到炳辉中路市民广场,一群市民正随着《茉莉花》(天长籍音乐家何仿改编自民歌《鲜花调》)欢快地起舞。看着拥有幸福生活的人民群众,寻访团成员欣慰地笑了。

"梅花桩战术"克顽敌

　　罗炳辉指挥打仗很有办法。他将伏击战和运动游击战有机结合起来，探索出"梅花桩战术"，在金牛山反袭击战中痛打日伪军，有效遏制了敌人的"扫荡"和蚕食，巩固了路东抗日民主根据地，不愧为卓越的军事家。

(1)1941年1月上旬,国民党顽固派制造了震惊中外的"皖南事变",围攻袭击北上转移的新四军江南部队。

"梅花桩战术"克顽敌

(2) 日伪军趁机加紧向抗日根据地进行疯狂的"扫荡"。在津浦路东的天长、仪征、扬州地区，日伪军修筑公路，增设碉堡，企图依托据点和交通线，分割、蚕食抗日根据地。

(3) 为战胜困境、粉碎敌人阴谋，罗炳辉潜心研究破敌战术。一天，妻子张明秀发现罗炳辉露出久违的笑容，急忙问："遇到什么喜事了？"罗炳辉笑着说："我找到了对付敌人的办法！"

"梅花桩战术"克顽敌

(4) 张明秀高兴地问:"什么办法?"罗炳辉轻声说:"梅花桩!暂时保密。"原来,他根据多年游击战经验,将伏击与游击结合起来,发明了克敌新战术——梅花桩战术。

(5) 新四军第五支队等部队于1941年2月被改编为新四军第二师,罗炳辉担任副师长。他来到正在整训中的部队,指导部队排兵布阵,开展战术演练。

"梅花桩战术"克顽敌

(6) 他又前往天长东南路东抗日根据地边沿地区侦察，并同地方干部、游击队员、群众交谈，酝酿作战方案。

(7) 回到张公铺西边的赵庄，罗炳辉与新四军副军长兼二师师长张云逸、新四军政治部主任邓子恢、二师政委郑位三、二师参谋长周骏鸣等一起讨论研究天长、仪征、扬州地区反击日伪军的作战计划。

"梅花桩战术"克顽敌

(8) 周骏鸣首先介绍敌情和二师部队整训情况。

55

(9)罗炳辉接着说:"军部指示要反'扫荡'、反蚕食、反伪化。怎么反击呢?我们兵力、武器装备都比日伪军差,但天时、地利、人和三样,我们都占着!"

"梅花桩战术"克顽敌

(10) 罗炳辉走到地图边说:"我们主动出击,连续几天痛打天长、仪征一带的几个敌人据点,他们一定会集结兵力来报复。我们诱敌深入,利用有利地形,用'梅花桩战术'消灭他们!"

(11) 张云逸高兴地说:"炳辉同志,快给大家讲讲'梅花桩战术'!"

"梅花桩战术"克顽敌

(12)罗炳辉用围棋在桌上摆出梅花图案,介绍说:"部队按梅花形分散驻扎,相隔几公里,相互策应和支援。'一个瓣'受攻击,可以就地阻击敌人,也可以边打边退,其他'几瓣'迂回敌人侧面、后边发动攻击。"

(13)罗炳辉继续讲道:"阵地也按梅花桩式部署,只要敌人闯进,我们就多点多面打击他们。一旦敌人到跟前,可以用大刀、刺刀与敌人短兵相接,让他们火力优势难发挥。"

"梅花桩战术"克顽敌

(14) 听罢，邓子恢说："炳辉同志会打仗，懂战术。我赞同他的打法。"郑位三接着说："此阵法可进可退，每一部分都能机动，敌人围不住我们，我们能反包围敌人，我看行！"

(15) 张云逸微笑地点了点头:"好!既然大家都认可,那就按炳辉同志的意见拟出作战计划。"

"梅花桩战术"克顽敌

(16) 二师很快制定出作战计划,并上报新四军军部。陈毅代军长听完作战计划汇报后,兴奋地拍了一下大腿:"二师这回要登台表演,这下可有好戏看了!"

(17) 4月上旬，在罗炳辉统一指挥下，参战部队从各自驻地出发，经铜城、汊涧等地向天长东南路东抗日根据地边沿地区开进。部队受到沿途群众的热情帮助和欢迎。

"梅花桩战术"克顽敌

(18) 罗炳辉随参战部队来到前线。他在四旅旅部作简短动员,语气坚定地说:"我们要把敌人引出据点,用'梅花桩战术'与他们打一场纠缠战,打他个人仰马翻!"

65

(19) 听完罗炳辉作战部署,现场的指挥员们精神振奋。旅长梁从学举起拳头,提高嗓门,向罗炳辉表示:"保证完成任务,请首长放心!"

"梅花桩战术"克顽敌

(20) 明月透出了地平线。战区地势高高低低，麦浪起伏。按照预定计划，参战部队趁着夜色，分头奔向各自的攻击目标。

(21) 从4月10日晚开始,连续几天,新四军攻打金家集,袭击天长县城、仪征谢家集等日伪军据点,伏击仪征出援之敌。

"梅花桩战术"克顽敌

(22) 他们还破坏公路、桥梁、电话线，切断敌人交通和电话联系，第一步任务按时完成。

(23) 遭受连续打击的敌人非常恼怒。他们抢修工事，收集情报，调集兵力，准备报复。

"梅花桩战术"克顽敌

(24) 四旅十二团完成袭敌任务后,奉命后撤到金牛山一带休整。金牛山紧靠天长,四面山河环绕,南侧同北峨眉山对峙,山间是丘陵及洼地,村庄稠密,便于隐蔽部署兵力,是一个良好的歼敌战场。

(25) 根据抓获的一个伪军班长口供，罗炳辉料定敌人很快就会来袭击。他指示："各部队按梅花桩式部署，分开驻扎，派出流动警戒哨！"

"梅花桩战术"克顽敌

(26) 4月16日,700多名日伪军携带大炮3门、掷弹筒10余个、轻重机枪多挺,连夜从扬州乘车,恶狠狠地向驻金牛山的十二团扑来。

(27)夜色中,狡猾的日伪军提前下车,快速向金牛山下的樊家集行军,沿途严密封锁消息,妄图偷袭成功。

"梅花桩战术"克顽敌

(28) 在樊家集一个汉奸家里,日军指挥官打着手电筒,拿出作战地图,布置袭击任务,并凶狠狠地说:"悄悄靠近,不许开枪!"

(29) 拂晓前,由两名汉奸带路,他们偷偷离开樊家集。过了通向金牛山的木桥后,兵分两路。

"梅花桩战术"克顽敌

(30) 一路日伪军走小道,扑向十二团团部驻地。一路日伪军沿田沟爬行,秘密接近三营驻地。

(31)警觉的三营哨兵听到响声，看见月光下有黑影蠕动，立即大声问道："口令！"没有回应，黑影仍然在爬动。

"梅花桩战术"克顽敌

(32)"有情况!"哨兵立即鸣枪报警。偷袭的敌人被迫开火。战斗打响了。

(33)"敌人来了!"团长、政委带人迅速转移离村,分头到一营、二营指挥反击。团参谋长谭知耕指挥留下的战士依托村庄院落阻击、阻滞敌人。

"梅花桩战术"克顽敌

(34) 敌人来势汹汹。三营依托村庄边同敌人战斗边集合队伍；谭知耕他们边打边撤，成功从团部突围。两路人马在五里墩附近会合。

(35) 敌人又全力向五里墩高地发起凶猛进攻。谭知耕和三营营长迅速指挥部队和敌人展开 3 次拉锯战，夺回五里墩高地，取得了战斗的主动权。

"梅花桩战术"克顽敌

(36) 金色的太阳驱散了晨雾。三营在五里墩等处的屋顶、土墩上架起轻重机枪向敌人扫去。敌人被压在火力圈内，抬不起头来，不知所措。

(37)三营营长一跃而起,高喊着:"同志们,杀敌立功的时机到了,跟我来,冲啊!"一片喊杀声中,三营战士协同作战,收复两个高地,控制了一处桥头,切断顽敌退路。

"梅花桩战术"克顽敌

(38) 不甘心失败的日伪军在重机枪、掷弹筒的掩护下,开始新的反扑,企图夺回失去的高地。

85

(39) 三营预备队立即投入战斗。突击班战士拿长柄大刀迂回到敌军后面，砍死敌人重机枪手和掷弹手。失去火力支援的敌人又被三营打退了。

"梅花桩战术"克顽敌

(40) 偷鸡不成蚀把米。日伪军被新四军反包围在一处洼地,他们躲在坟墓后,四处张望,大炮不见了,带路的汉奸也不见了,周围高地都是新四军,反攻无望。

87

(41)在其他部队配合下,三营集中兵力,分三路扑向洼地,打得敌人死伤遍野。

"梅花桩战术"克顽敌

(42) 敌人拼命逃窜,好不容易逃到一条河边,河中无船,河床淤泥很深。沮丧的敌人只有继续逃。看到前面有座简易木桥,急于夺路逃命的敌人纷纷挤上木桥,不少人跌落河中溺死。

(43)追击部队立即以轻机枪封锁桥头,附近地方抗日武装正好赶到,从河对面夹击,堵住了敌人的逃路。

"梅花桩战术"克顽敌

(44)奋勇的战士们冲入敌群,同日伪军展开肉搏战。子弹没有了,就用枪托砸,刺刀捅弯了,就用大刀砍,杀得日伪军胆战心寒,有的哭爹喊娘,有的举枪跪地求饶。

(45)"梅花桩战术"小试牛刀,就取得辉煌战果。新四军二师以劣势装备击败优势装备的日伪军,毙、伤日伪军500多人,缴获一大批军事装备和物资。

"梅花桩战术"克顽敌

(46) 刘少奇高度评价这一战术。他称赞道：罗炳辉同志提出的"梅花桩战术"，在敌强我弱的敌后环境下，具有很大的创造性。

(47) 罗炳辉继续研究和完善"梅花桩战术",轮训部队基层干部,严抓战士刺杀、投弹、射击等基本功训练,提高了部队军事素质。在日后同敌人的战斗中,"梅花桩战术"发挥了更大作用。

威猛战将爱孩子

罗炳辉特别喜爱人民群众的孩子。他戳破敌人散布的"吃孩子"谣言,和儿童玩游戏,给他们讲故事、发糖果、送饼干,勉励他们学文化、长知识,保卫家乡。人民群众亲切地称他为"福将"。

(1) 1941年3月的一天,汊涧区区长兼区大队长徐速之得到通知:新四军二师副师长罗炳辉将要去天长东南路东抗日根据地边沿地区侦察,路经汊涧。

威猛战将爱孩子

(2) 第二天,罗炳辉与随行人员骑着马来到汉涧镇。街上行人见到罗炳辉,个个慌慌张张,有的一把将孩子拉进屋,有的把孩子紧紧搂在怀里。

97

(3) 怎么回事？去年4月，他陪同来天长指导抗日斗争的中共中央中原局书记刘少奇(化名胡服)在汊涧街上住过。那时，房东家的孩子在前排院子玩耍，见到罗炳辉他们也没有躲躲藏藏。

威猛战将爱孩子

(4) 带着疑惑，罗炳辉来到区公所。徐速之报告了汊涧区扩军、钱粮征收等情况。罗炳辉赞扬汊涧区备战工作做得好。

(5) 听完汇报,罗炳辉便说起街上孩子躲避他的事。徐速之气愤地说:"年前,敌人到处散布谣言,说您一天要吃两个小孩,还画了漫画,偷偷地贴在街上。我们已经驳斥了。没想到还有这样落后的群众!"

(6) 罗炳辉闻言，沉思了一下，问道："我今天路过这里，你们还有什么安排？"徐速之说："想请您在汉涧多停留一会，同镇上群众见见面。"

(7) "军队打胜仗,人民是靠山。我们一定要戳破敌人的谣言!"罗炳辉坚定地说。

威猛战将爱孩子

(8) 下午，罗炳辉等人来到会场。徐速之主持群众大会，并向大家介绍了罗炳辉一天早晚打两次仗、一枪打了三个半敌人等英勇事迹。到会群众非常惊奇。

103

(9)"请罗副师长讲话!"徐速之说道。罗炳辉向乡亲们挥手问好。他声讨了国民党反动派制造皖南事变的罪行,宣传共产党团结抗日的主张。会场上人人屏息静听。

威猛战将爱孩子

(10) 他又问道:"有人说我罗炳辉爱吃小孩,你们信不信?"群众齐声回答:"不信!"他说:"是嘛,砖窑里失火——谣言(窑烟)!我去年就在汊涧街上住过,你们可听说谁家的小孩被吃了?"

105

(11) 罗炳辉继续说:"敌人为什么要造我谣?因为他们害怕我,想挑拨我和你们的关系,这是痴心妄想!"

威猛战将爱孩子

(12) 罗炳辉笑着说:"对嘛,我最喜欢小孩子呀!"说着,他抱起房东的孩子,紧贴他的脸,会场上一片笑声。

(13) 罗炳辉高声地说:"如果乡亲们发现部队有违反纪律的,欢迎随时随地向地方政府报告,或者直接向我当面揭发。我绝不护短!"群众异口同声地高呼:"好!"

威猛战将爱孩子

(14) 5月,罗炳辉偕同新四军政治部主任邓子恢检查工作路经汊涧,镇上开明人士听到消息,纷纷前来探望。

(15) 交谈了一番,邓子恢和罗炳辉送客人走在街上。孩子看到熟悉的罗师长来了,都跟着他。罗炳辉肩头扛着、手中抱着、背后驮着以及身后马上坐着的,都是孩子。

威猛战将爱孩子

(16) 他让警卫员将背在身上的布袋打开，拿出水果糖分发给孩子们。水果糖是战场上缴获的，罗炳辉特意要来保存，留给孩子们吃。第一次见到糖果的孩子们高兴得笑了起来。

(17) 他又带着这群孩子玩起"老鹰捉小鸡"游戏。孩子们左躲右闪,玩得非常开心。

威猛战将爱孩子

(18) 秋天的一个下午，大通镇外路口站着一个小姑娘。她头上梳着两条小辫子，辫梢插着两枝洁白的小花，身穿老粗布裤褂，脚穿布草鞋，手提红缨枪，聚精会神地观察来往行人。

113

(19) 罗炳辉骑着一匹马来了。看见小姑娘，他下马和蔼而又风趣地说："你这个娃子，站在这里做啥子呀？"小姑娘不认识他，脆声说："我在盘查，没有路条不准进镇。"

威猛战将爱孩子

(20) 罗炳辉说:"我是新四军,还要路条吗?我身上有枪,你不怕吗?"小姑娘高声说:"我们民兵也有枪。你说你是新四军,谁认得?没有通行证,就是罗师长来,我也不会放他过去!"

(21) 小姑娘高声说话,引来几个年龄稍大的儿童团团员。他们走近一瞧,是罗炳辉!立即排成队向他行军礼:"报告罗师长,我们在执行盘查任务,她不认识您,不该向您要路条。"

威猛战将爱孩子

(22) 罗炳辉哈哈大笑,连声说:"要得,要得,好样的!""罗师长?"小姑娘惊呆了。罗炳辉笑嘻嘻地走到小姑娘身边,夸赞道:"你是一位立场坚定、有勇气的女英雄。"

(23) 罗炳辉走进了街道。街上的孩子们听说罗师长来了,纷纷围拢过来,牵衣拽袖,吵闹着要他讲故事。

威猛战将爱孩子

(24) 他们来到东街的大通小学操场,席地而坐。一个拖着鼻涕的小孩挤过来,爬到罗炳辉膝盖上,罗炳辉笑呵呵地搂着他。望着可爱的孩子,罗炳辉兴致勃勃地讲起新四军奋勇杀敌的故事。

(25) 孩子们听得津津有味。故事刚讲完,一个孩子站起来说:"罗师长,能不能给我们讲讲您自己小时候的事情?"

威猛战将爱孩子

(26)提起自己童年,罗炳辉神情严肃起来。他深沉地说:"我老家在云南,从小吃不饱、穿不暖,读了三年私塾,十岁就辍学帮父母干农活。"

(27)罗炳辉接着说:"我的父母还时常受到地主恶霸的敲诈和凌辱。"

威猛战将爱孩子

(28) 停顿一下,他感慨地说:"现在,你们这里解放了,地主再也不敢欺压群众了。你们吃饱穿暖,到年龄就可以上学读书,真是幸福的孩子!"

(29) 讲完故事,罗炳辉又像往常一样出题目让孩子们回答:"孩子们,现在日本鬼子下乡'扫荡',杀人放火,你们能安安稳稳地读书吗?""不能!"孩子们齐声回答。

威猛战将爱孩子

(30)"那怎么办呢?""把鬼子打跑!""你们年纪小,拿得动刀枪吗?"孩子们七嘴八舌地说:"我们帮大人站岗放哨!""我帮送情报!""我会唱歌演讲,宣传抗日!"

(31)罗炳辉说:"对!你们要抓紧时间学习,练文习武,像盘查哨的小姑娘那样,成为保卫抗日根据地的小英雄。"孩子们一起点了点头。

威猛战将爱孩子

(32) 不久，大通儿童团员在东圈门外真的抓了一个日伪军探子，罗炳辉特别表扬了他们。

(33) 新四军在紧靠天长的金牛山打了胜仗,罗炳辉得知缴获的战利品中有饼干,便说:"战场上取得胜利,也有儿童团一份功劳,送包饼干给他们尝尝。"

威猛战将爱孩子

(34) 饼干在那个时候可是稀罕品。收到罗炳辉派人送来的香喷喷的饼干,大通儿童团团员们无比激动,舍不得吃,带回家和家人一起分享。

(35)他们长大后,有的加入民兵,有的进入农抗会、妇抗会,还有的当上新四军上前线打敌人,有的为民族解放事业献出了年轻的生命。

中国红色基因库丛书
红色天长
天长市关心下一代
工作委员会编

罗炳辉

将军（下册）

安徽美术出版社
Anhui Fine Arts Publishing House

图书在版编目（CIP）数据

红色天长：罗炳辉将军 / 天长市关心下一代工作委员会编. -- 合肥：安徽美术出版社，2024.9. --（中国红色基因库丛书）.-- ISBN 978-7-5745-0648-0

Ⅰ.K825.2

中国国家版本馆CIP数据核字第2024B6Q929号

中国红色基因库丛书——红色天长·罗炳辉将军
ZHONGGUO HONGSE JIYINKU CONGSHU —— HONGSE TIANCHANG · LUOBINGHUI JIANGJUN

出 版 人：王训海	项目统筹：秦金根　张庆鸣
责任编辑：张庆鸣	特约编辑：乔利利
责任校对：司开江	责任印制：欧阳卫东
装帧设计：秦　超	图片绘制：常　俊

出版发行：时代出版传媒股份有限公司
　　　　　安徽美术出版社（http://www.ahmscbs.com）
地　　址：合肥市政务文化新区翡翠路1118号出版传媒广场14F
邮　　编：230071
编 辑 部：0551-63533625
印　　制：合肥华云印务有限责任公司
开　　本：889 mm×1194 mm　1/24　印张：12
印　　数：1—32000
版（印）次：2024年9月第1版　2024年9月第1次印刷
书　　号：ISBN 978-7-5745-0648-0
定　　价：49.80元（全2册）

如发现印装质量问题，请与我社营销部联系调换
版权所有·侵权必究
本社法律顾问：安徽承义律师事务所　孙卫东律师

人民的功臣

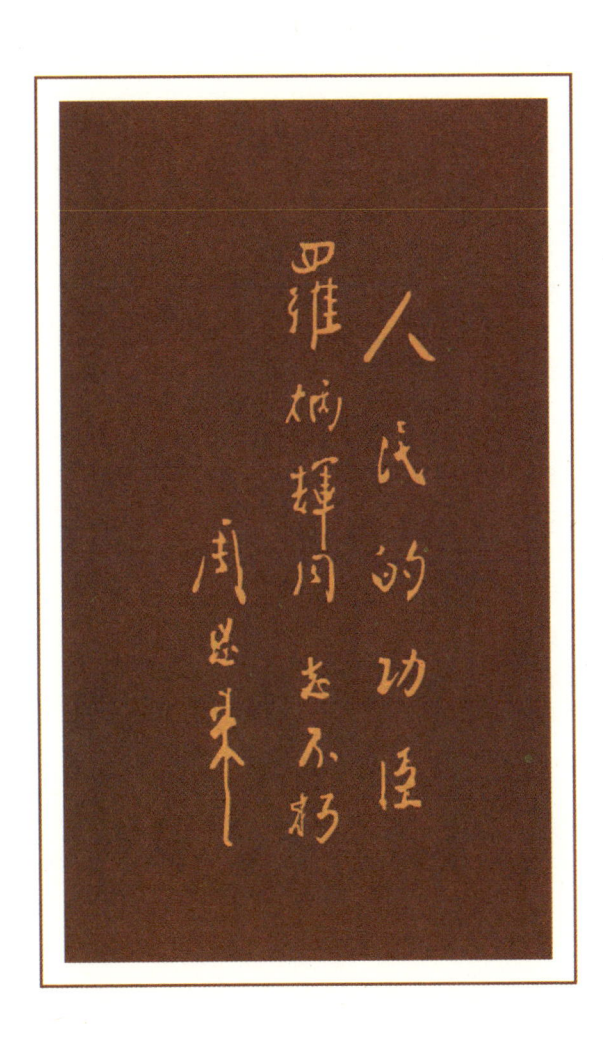

罗炳辉同志不朽

周恩来

编委会

名誉主任：
阚绪瑞　王　林

主　任：
仲文耀

常务副主任：
舒　畅　许松林

副主任：
汤长玉　杨丘远　王友仁　吴祥贵

委　员：
叶晓东　曾仁林　曹文香　贺敏星
何允斌　董启湖　钱玉亮　薛才祥
徐梅娟　李振霖　冯　君

文　字：
李旭东

法律顾问：
祝发平

序　言

　　罗炳辉将军是被中央军委确认的新中国著名的36位军事家之一，是100位为新中国成立作出突出贡献的英雄模范人物之一。1939年8月，罗炳辉率部东进津浦路东地区，开辟敌后抗日根据地，打击日伪军、顽军，和安徽天长等地人民共同奋斗了6年之久。天长曾两度易名炳辉县，以纪念和缅怀他。为进一步讲好红色故事，助推红色基因传承建设，安徽天长市关心下一代工作委员会启动了《红色天长——罗炳辉将军》连环画编绘工作，立足红色历史资源，追忆往昔峥嵘岁月，展现先辈革命精神，促进广大青少年健康成长。这是一件非常有意义的事情。

　　连环画又称小人书，是一种历史久远的我国优秀传统艺术。少年儿童对它情有独钟，成年人也十分喜爱。作为中国特色文化载体，它对传播红色经典、展示红色文化具有重要作用。《红色天长——罗炳辉将军》通过挖掘罗炳辉将军在安徽天长的革命活动历史，结合群众之中口口相传的故事，采用传统连环画的呈现方式，再现了革命先辈远大的革命理想和璀璨的革命人生。这些故事从小处着手，小中见大，以点带面，塑造了一个有血有肉、有情有义的罗炳辉将军形象。该连环画分上下两册，已列入"中国红色基因库出版工程"系列丛书。全书通过艺术的加工，强化情节的塑造，增强了故事的生动性和趣味性，可读性和历史画面感都很强。这是一部进行革命理想和传统教育的好教材。

  青少年是祖国的未来，也是中华民族的希望。习近平总书记强调："要抓好青少年学习教育，着力讲好党的故事、革命的故事、英雄的故事，厚植爱党、爱国、爱社会主义的情感，让红色基因、革命薪火代代传承。"（《在党史学习教育动员大会上的讲话》）《红色天长——罗炳辉将军》连环画的出版发行，为广大青少年接受红色教育提供了优秀的读物，让他们在自主阅读中潜移默化地触摸历史、铭记党的历史，播种理想信念种子、不断吸取思想养分、扣好人生第一粒扣子，让红色基因代代相传、红色文化永放光芒。

安徽省天长市关心下一代工作委员会

目 录

"人民福星"罗青天……………………………………1

神枪手百发百中……………………………………35

枪榴弹震破敌胆……………………………………71

苦练巧训出精兵……………………………………105

"人民福星"罗青天

罗炳辉对待人民群众，亲如家人。他为铜城丧母的农妇打抱不平，教龙岗居民点种萝卜，送张公铺蒋三娘治病除痛苦。当地群众用"人民福星"来赞誉他。

(1) 1942年春天夜晚,张公铺附近农村的一处草房内,烛光闪烁。罗炳辉两道乌灼灼浓眉紧紧拧起,他竭力平息心中的火气。不一会,他自言自语地说:"在抗日民主根据地,我们一定要替人民说话!"

"人民福星"罗青天

(2) 这是怎么回事呢？白天，一位农妇从铜城赶了几十里路，来到张公铺附近的农村找罗炳辉。一见到他，农妇眼泪汪汪要下跪，他连忙拦住，让警卫员搬张凳子，请农妇坐下来。

3

(3) 农妇哭着说："我老家在铜城，已嫁到外地。家中只有母亲一人。现在母亲去世，我想把她留下的地卖掉，用来安葬她。"罗炳辉轻声说："不要伤心，喝口水，慢慢说。"

"人民福星"罗青天

(4) 见农妇情绪有所稳定,罗炳辉问道:"你母亲安葬好了?"农妇又气又急地说:"没有呢!当地干部说我是女儿,不能继承遗产。""岂有此理!"罗炳辉非常生气。

5

(5) 罗炳辉回到住处，仍难以平静。"我们是共产党！群众上门告状的事，一定要调查清楚，给群众一个满意的交代。"他立即吩咐警卫员："明天一早就去铜城！"

"人民福星"罗青天

(6) 第二天一早,他直奔铜城区公所。区委书记迎上来敬礼。罗炳辉开门见山地说:"无事不登三宝殿。我替这里的一个农妇说个话。她想把娘家的地卖掉,安葬去世的母亲,但有干部不同意。"

(7) 区委书记愣了一下说:"这个情况我不知道,我们工作没有做好。"罗炳辉望着他说:"过去,贫苦人有苦没处诉,有冤没处申。今天,在共产党执政的地方,我们一定要替人民说话!"

"人民福星"罗青天

(8) 听完罗炳辉的话,区委书记表态:"您给我们讲过,不公平的事要有人管、有人问!我马上调查处理这件事,请您放心!"

(9) 区委非常重视,召开专门会议,听取调查情况的汇报,研究了解决办法。第二天上午,在镇上召开座谈会,区委书记宣布:"母亲死了,家中剩下的唯一的女儿变卖遗产安葬老人,合理合法!"

"人民福星"罗青天

(10) 会后,区委书记又来到农妇母亲所在的村庄。他将村里干部和周围邻居召集起来,当场宣布:"抗日民主政府主张男女平等,女儿也有财产继承权利!"

(11) 区委书记告诉农妇："罗师长专门来铜城转告你的诉求，让我们替你维护权利！"农妇闻言，激动得落下泪水，转身向乡亲们高呼："罗师长真是罗青天呀！"

"人民福星"罗青天

(12) 抗日战争前,龙岗街上居民不种菜,多数是买菜吃。抗大八分校来到龙岗,学员开荒种菜,瓜菜长得茂盛。不少居民便向学员学习,在自家院落里、空闲地上种上蔬菜。

(13) 一年秋天,罗炳辉来抗大八分校看望学员。走进街里,他看见一位大嫂在房屋边上的菜地撒种子,就快步地走上前问:"大嫂,撒什么呢?"大嫂回答:"撒萝卜籽。"

"人民福星"罗青天

(14) 罗炳辉走到菜地,弯腰看了一下,对她说:"萝卜籽撒不匀,长出来的萝卜结不大。"大嫂愣住了:"我们这里一直就是这样种的!您也会种菜?"罗炳辉笑笑说:"会种呀!"

15

(15) 站在菜地边上的警卫员插话了:"大嫂,我们首长不光仗打得好,菜种得也好。他种的萝卜个大味美,还用来招待客人呢!"大嫂转身,半信半疑地看着罗炳辉。

"人民福星"罗青天

(16) 罗炳辉说:"种萝卜要点种,每穴里丢三四粒种子,出苗后,拔掉弱苗,留下壮苗,萝卜就长得又大又嫩了。"

17

(17) 听说罗炳辉亲自教点种萝卜,群众纷纷前来。罗炳辉站在菜地里,边说边示范,耐心传授点种要领。

"人民福星"罗青天

(18) 收获季节到了,点种萝卜就是不一样,个个光滑水嫩,个头大而整齐,产量也高。

(19) 听说大嫂家萝卜收成好,街坊邻居都来到她家菜地。大嫂举起一个四五斤重的萝卜,高兴地说:"这可是罗师长教我种出来的萝卜!"

"人民福星"罗青天

(20) 有一天,罗炳辉在前线打仗胜利归来,路过张公铺,见一位妇女趴在土地庙前哭个不停。他赶紧让警卫员过去了解情况。

(21)警卫员轻声问:"大嫂,你叫什么名字?怎么了?"大嫂转过身来,叹口气回答道:"我叫蒋三娘,肚子里长了个肿块,治了一段时间,花掉不少钱也没治好,只好来土地庙烧香许愿。"

"人民福星"罗青天

(22) 警卫员摇摇头,问:"这样做,病好了吗?"蒋三娘伤心地说:"半年来,肿块没有消,反而越来越大,再这样下去,我只有等死了!"她越说越伤心。

23

(23) 警卫员连忙向罗炳辉报告。罗炳辉立即说:"我们是人民的儿女,人民是我们的父母,我们应该为人民尽孝,为国家尽忠。把我的马给她骑,快带她到师部医院去。"

"人民福星"罗青天

(24) 警卫员把蒋三娘扶上马,赶到师部医院。他急匆匆找到师卫生部长,卫生部长赶忙问:"罗师长的血压又升高了?"警卫员说:"不是。罗师长请你安排医生给一位病人检查医治。"

25

(25) 卫生部长带人来到医院门口,将蒋三娘扶进检查室。医生检查后告诉警卫员:"病人需要开刀治疗。"蒋三娘是乡下人,听说要给她开刀,吓得又一个劲地哭。

"人民福星"罗青天

(26) 罗炳辉知道了,亲自到医院劝她:"大嫂,你肚里长的瘤,敬神敬鬼没用。要想把病治好,只有开刀把瘤割掉。"蒋三娘说:"剖开肚子,不疼死了?""别怕,打上麻药就不痛了。"罗炳辉安慰她说。

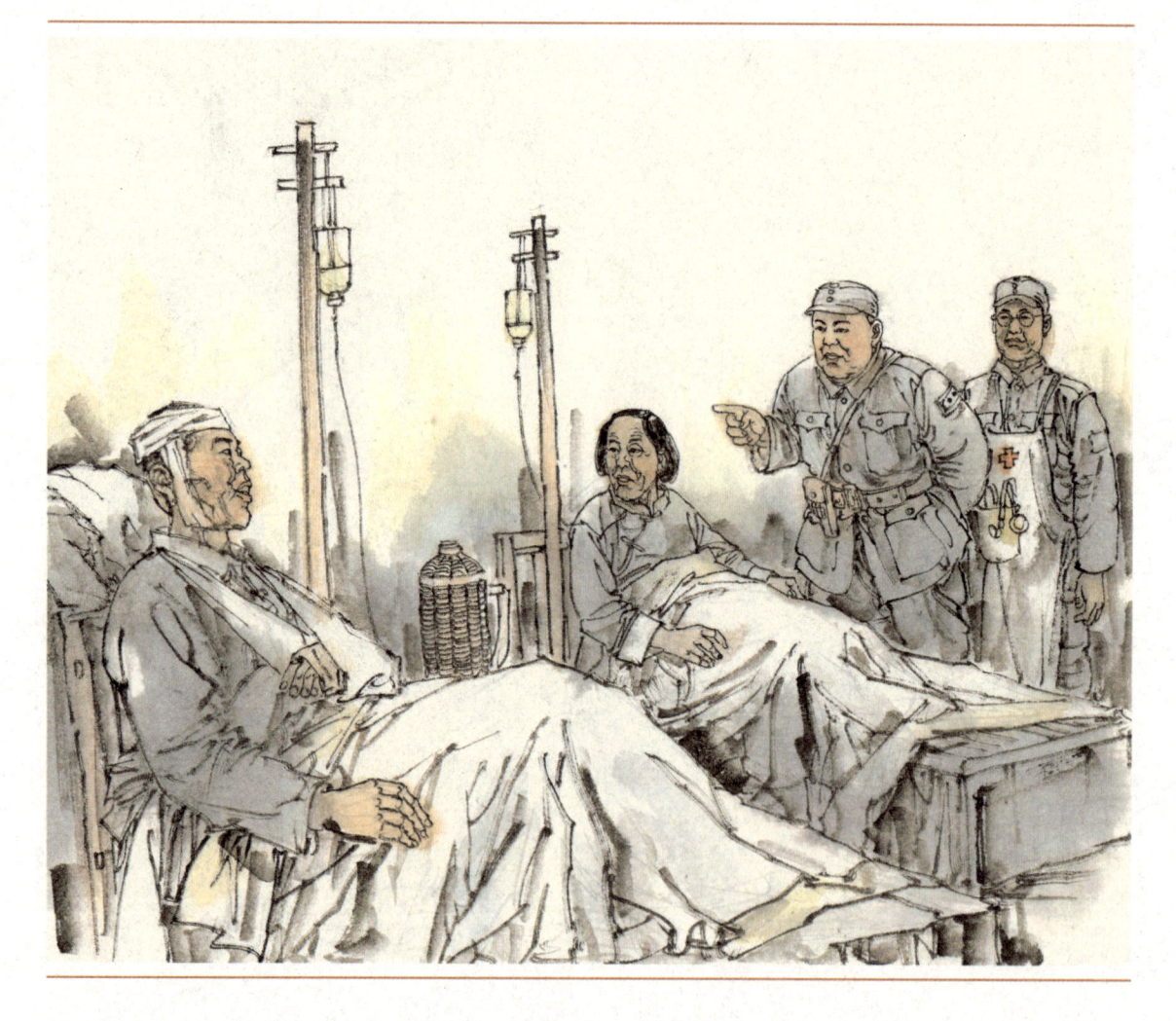

(27)罗炳辉指着旁边病床上的伤员说:"他开刀截断了左腿,现在不是很好吗?"伤员说:"我打了麻药开刀锯腿,一点也不觉得痛。听医生的话没错,开过刀病才能好。"

"人民福星"罗青天

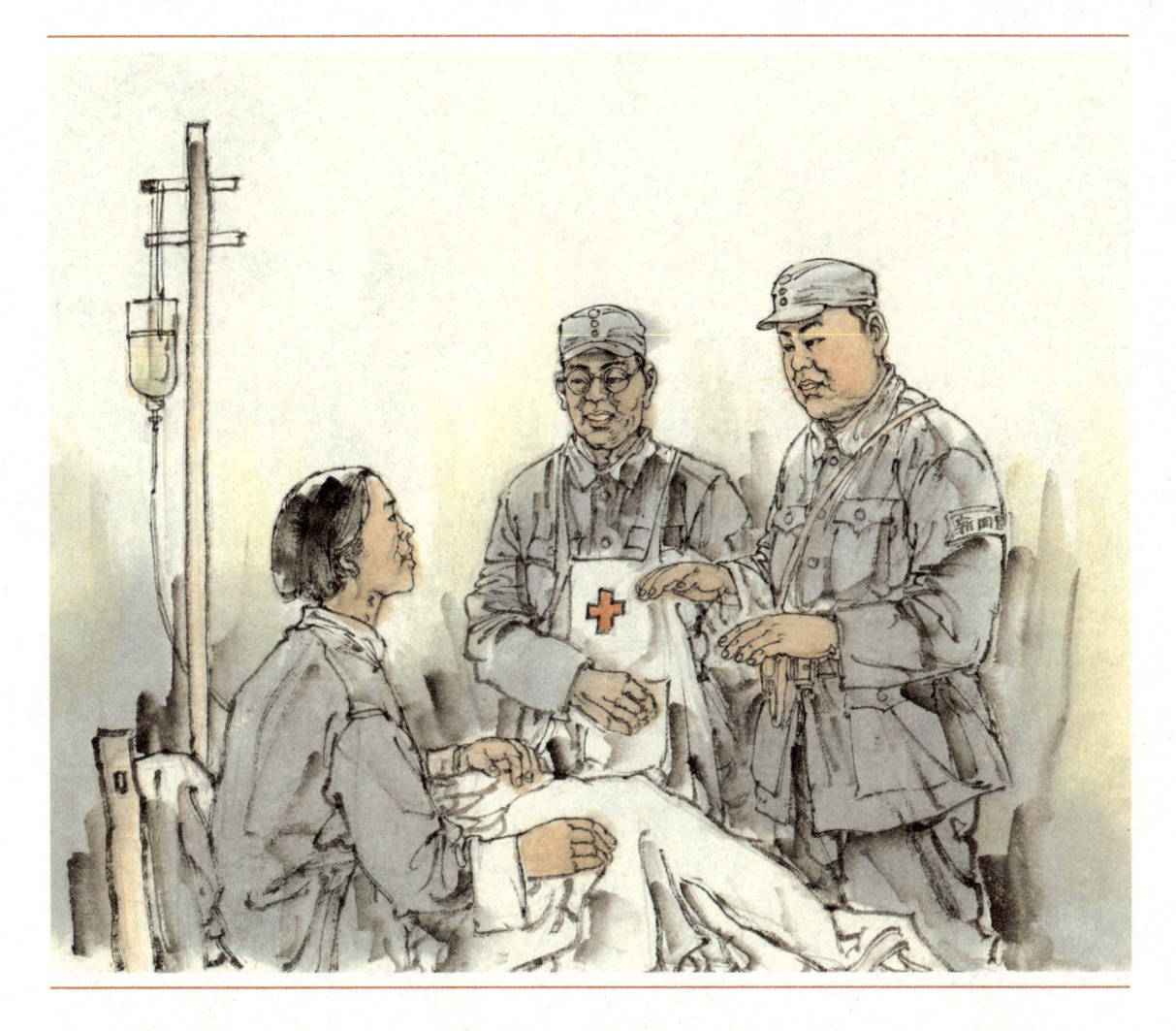

(28) 蒋三娘看了看伤员,又看到罗炳辉温暖而肯定的眼光,终于同意手术。罗炳辉请卫生部长亲自做手术。手术非常顺利。

(29) 一个月后,蒋三娘的刀口长好了,恢复了健康,她非常高兴。出院时,她问医生:"带我住院的那位同志姓什么?""你不认识他?他是我们罗师长呀。""妈哟!"蒋三娘吓了一大跳。

"人民福星"罗青天

(30) 她只听说过新四军里有个赫赫有名的罗师长,没想到自己还能遇见。"罗师长送我进医院,救了我一命,我该怎么感谢他呢?"回家后,她捉上几只自己家养的鸡、鹅、鸭,一担挑着,来见救命恩人罗炳辉。

31

(31) 罗炳辉再三拒绝,拗不过她,收下了礼物。罗炳辉问道:"你家住什么地方?"蒋三娘把自家的住处告诉了他。告别罗师长,蒋三娘高兴地回到家。

"人民福星"罗青天

(32) 她前脚才进家门,罗炳辉的警卫员就将礼物原封未动送回来了。警卫员说:"师长从不收任何礼物,他说部队医院给群众治病理所当然,命令我将礼物送归原主。"

33

(33) 蒋三娘感动得不知如何是好，她拉住警卫员的手说："罗师长是我们老百姓的'福星'啊！"从此，"福星"称号像春风一样传遍路东抗日民主根据地。

神枪手百发百中

罗炳辉是射击神手。从 16 岁开始,他苦练枪法,坚持不懈,练就了百发百中的本领。枪打飞铜板、骑马打飞鸟的神技让人民群众惊叹不已,百米之外打鸡蛋激发指战员苦练射击技术,部队中涌现出大批优秀射击手。

(1) 1942年秋。一天，兼任抗大八分校校长的罗炳辉来到天长县龙岗北边一个村庄，视察驻扎在这里的抗大八分校三队（二期）。察看了学员的住处后，他又来到村边树林里一块平地上，学员们正在那里上军事理论课。

神枪手百发百中

(2) 了解完三队的教学情况后,罗炳辉正要返回龙岗校部,突然,路边草丛中跑出几个半大孩子,他们拦住了罗炳辉。

(3) 警卫员赶忙上前问:"孩子们,有什么事?"看着身高体壮的罗炳辉,一个年龄稍大的男孩说:"您就是罗师长?"罗炳辉笑着说:"是的,我就是罗炳辉。"几个孩子互相望了一眼,没有开口。

神枪手百发百中

(4) 罗炳辉和气地说:"小朋友们,你们找我有什么事情吗?"孩子们还是没有开口。"你们想玩捉迷藏游戏?"稍大点的男孩说:"不!今天想请您露一露枪打飞鸟的本事。"

39

(5) 原来，这些孩子经常听大人说罗炳辉是百发百中的神枪手，今天得知罗炳辉来了，他们就想请罗师长当场打飞鸟，亲眼见识一下！

(6) 看着这几个顽皮的孩子,罗炳辉说:"要我打飞鸟,你们去找,找到了我就打。"那时候子弹很金贵,但是罗炳辉非常喜欢孩子,他不想让孩子们失望。

红色天长·罗炳辉 将军(下册)

(7) 孩子们高兴极了,立即分散开来,轻手轻脚、瞪大了眼睛在树林里找鸟。可是一只鸟都没找到!他们又往庄子里找,还发动其他小孩帮忙一起找。

神枪手百发百中

(8)奇怪！那天庄子前后一只鸟也没有。罗炳辉安慰说："孩子们，今天没找到鸟，下次我来庄上再说吧。"孩子们觉得机会难得，都噘着嘴，不肯离去。

(9) 怎么办呢？这时，一个男孩掏出一个铜板，问罗炳辉说："抛铜板行吗？""行！"罗炳辉接着说，"不过我有一个条件，就是只打一枪，我们要多留点子弹打鬼子。"孩子们互相望望点点头。

神枪手百发百中

(10) 罗炳辉又说:"你们力气还小,抛得不够高,我让警卫员替你们抛。"孩子们齐声答应:"好!"警卫员接过铜板,朝前走了二三十步,转身迎着罗炳辉站定。孩子们一起喊:"用劲抛!"

(11) 警卫员使出全身力气将铜板抛向空中。说时迟那时快，罗炳辉迎空枪一挥，一下就把铜板打落下来。

(12)"罗师长枪打飞铜板,真厉害!真厉害!"见识了罗炳辉的神技,孩子们高兴得跳起来,嘴里一直在欢呼。

(13) 枪声、欢呼声引来村里群众和三队的学员。一名学员大声问道:"师长,您练成神枪手有秘诀吗?""有!"罗炳辉说,"一个字,'练'!两个字,'苦练'!三个字,'坚持练'!"

神枪手百发百中

(14)他接着说:"我16岁就开始练枪,现在已40多岁,还在练,为什么呢?就是为了打敌人,解救普天下的穷苦人。"人们鼓起响亮的掌声。

49

(15) 罗炳辉苦练枪技，1929年领导吉安起义时就已经使用的左轮手枪时刻不离身，警卫员身上也背着他用来远距离射击的"汉阳造"步枪。

神枪手百发百中

(16) 他练枪从不间断,练的难度也很高。他常举着轻机枪站着瞄准;有时还"枪挂枪",即端着的步枪筒前端再挂一两支步枪;有时端起重机枪练瞄准,脚下就像生了根,纹丝不动。长期坚持下来,他练出了神奇枪法。

(17)1942年深秋的一天晌午,张公铺附近的一个村庄中,罗炳辉师长正在屋里看文件。

神枪手百发百中

(18) 忽然，外面传来轻微细小的声音。罗师长出门一看，只见一个小男孩和一个小女孩骑在高高的墙头上，小男孩的一只小手伸进屋檐下，不知在掏着什么。

(19)"你们在干什么？"罗炳辉轻声问，语气却很严肃。小男孩转过脸来回答："掏麻雀。"他沾满汗水和泥巴的脸上露出不安的神情。"奶奶病重，医生开药方，要麻雀做药引子。"小女孩皱着眉头补充说。

神枪手百发百中

(20)"爬高危险,快下来。"两个孩子不愿下来。罗炳辉招招手说:"下来吧!我替你们去打麻雀。""用什么打?"小男孩有些高兴,但仍然伏在墙头上。"用枪打啊!"他抽出左轮手枪,向孩子亮了亮。

(21) 两个孩子又惊又喜,从墙上滑下来。罗炳辉一手提枪,一手拉着孩子向村外走去。村外树头上,有两只麻雀正摇尾摆翅叽叽喳喳地叫着。

神枪手百发百中

(22) 孩子用手指着说:"师长!麻雀……"话音没落,就见罗炳辉手一抬,"叭叭"两枪,两只麻雀掉了下来。

57

(23) 两个孩子高兴得跳了起来,捡起麻雀,道了声:"谢谢师长!"一溜烟跑回家去了。

神枪手百发百中

(24) 下午,罗炳辉带部队刚出村,两个孩子从后面哭着喊着追了上来。"出什么事了?"罗炳辉问道。孩子抽泣着说:"师长,您打的麻雀被猫吃了!请您再帮我们打两只。"

(25) 部队继续前行。两个孩子紧紧跟在罗炳辉后,跑着、哭着说:"好师长呀!没有麻雀做药引子,奶奶的病就好不了啦。"

神枪手百发百中

(26) 罗炳辉骑在马上没说话,走着瞧着。正巧,几只麻雀从头顶飞过,他扬起左轮手枪,"叭叭"两声,两只麻雀应声坠下……从此,"罗师长骑马打飞鸟"的故事在天长人民中间成为美谈。

(27) 但是，也有不相信或者故意想试罗炳辉枪法的。一天傍晚，新四军四旅十一团部分战士在驻地室外休息，谈起了罗炳辉师长的枪法。

神枪手百发百中

(28) 正好罗炳辉散步经过。一位副连长故意大声说:"哪有那么神?如果师长真的打中百米外的鸡蛋,我就把蛋壳吃掉!"他想用此话刺激罗炳辉。

(29) 团长为他捏把汗,批评他对首长不尊重。听到这话的罗炳辉没有吭声,转身离去。大家都愣住了,副连长满脸通红。

神枪手百发百中

(30) 不一会,有人轻声说:"师长来了!"大家迅速站好队等候。罗炳辉朝空地上的石磨子走去,从口袋拿出一枚鸡蛋放在上面。

(31) 随后罗炳辉带着大家退到远处,举起左轮手枪,"叭"的一声,鸡蛋被打碎了。

神枪手百发百中

(32) 副连长满脸通红,低着头,慢慢走到罗炳辉跟前想赔不是。罗炳辉摇摇手说:"张飞吃豆芽——小菜一碟。蛋壳不能吃,大话不能讲。讲大话吓不死敌人,干革命得有真本领!好枪法是练出来的。"

67

(33) 罗炳辉继续说:"练枪法,先练眼力,像纪昌学射那样,把蜜蜂看成麻雀,把鸟看成车轮。再练臂力,练得拳头上立得起人,胳膊上跑得了马!"他拍了拍副连长的肩头,说:"愿你们都能成为神枪手。"

神枪手百发百中

(34)"干革命得有真本领"的话语在战士们心中深深扎下根。全师掀起"学习罗炳辉射击手活动"的热潮,涌现出大批优秀射击手,他们在对敌作战中显示出惊人的战斗力。

(35) 二师政治部抗敌剧团音乐家晓河创作了一首歌曲——《罗炳辉射击手》。歌词这样写道:"打靶瞄准百发百中,射击敌人决不落空。谁是这样高妙的神枪手?罗炳辉是射击的好榜样!"

枪榴弹震破敌胆

罗炳辉爱护人才,用好人才。他与"枪炮大王"吴运铎结下深厚情谊,并将研制新式武器的重任交给吴运铎。吴运铎不负重托,研制出威力强大的枪榴弹。枪榴弹在战场上大显神威。

(1) 1943年初春,大雪纷飞,遍地银装。新四军二师兵工厂厂长吴运铎接到师部通知,他要求到延安马列学院学习的申请得到批准。他连夜办好工作交接手续,赶往师部报到。

枪榴弹震破敌胆

(2) 周骏鸣参谋长见他来了，说："你来得正好，我给你开好介绍信，你赶快到供给部换便衣，准备出发吧。"

(3) 拿到介绍信,吴运铎才跑出师部大门,就听到背后传来一个熟悉的声音:"运铎同志,上哪儿去啊?"刚从前线回来的罗炳辉看到急急忙忙往外跑的吴运铎,喊住了他。

枪榴弹震破敌胆

(4) 吴运铎高兴地说:"报告师长!我准备换便衣,到延安学习。"罗炳辉说:"啊!谁叫你去的呢?"吴运铎回答道:"是我申请的,前段时间您不在师部,参谋长同意了。"

(5) 罗炳辉沉默了一会,说:"是这么回事,到我那里去谈谈。"

枪榴弹震破敌胆

(6) 吴运铎出生在江西萍乡。他参加新四军后就从事枪械修理工作。他筹建二师军工厂，艰苦创业，造出子弹、迫击炮弹、各式地雷。罗炳辉非常器重他。天长等地方上的干部都说："师长把吴运铎当个宝！"

(7) 为鼓励吴运铎不断提高业务水平,罗炳辉特地托从事地下交通工作的同志从上海买来英文版《机械工艺》《现代工厂实习法》两本书送给他,还在书的扉页上亲笔题词。

枪榴弹震破敌胆

(8) 来到住处，罗炳辉倒了一杯热水递给吴运铎，亲切地问他："你研制迫击炮弹时负过重伤，天这么冷，伤口可疼？"吴运铎摇摇头："谢谢师长关心，不疼了。"

(9) 见罗炳辉欲言又止的样子,吴运铎问道:"师长,您有什么吩咐尽管说!"罗炳辉语重心长地跟吴运铎说:"我想跟你商量一下,暂时不去延安学习好不好?"

枪榴弹震破敌胆

(10) 看着墙上挂着的"汉阳造"步枪,罗炳辉期待地说:"现在战斗很紧张,我们部队现在武器虽然有改进,但火力还不强。前线打仗要靠你们。"

81

(11) 他接着说:"请你研制更厉害的武器,加强我军火力。"听到有重要任务,吴运铎便说:"学习是为了更好地工作,既然工作需要我留下,我就继续在工作中学习吧。"

枪榴弹震破敌胆

(12) 罗炳辉握起拳头说:"对待敌人,就应该狠,狠到连他们的骨头都给敲碎,叫他们永远爬不起来。我们现在就需要有各种能敲碎敌人骨头的武器,特别是威力更大的新武器。"

(13)感受到罗炳辉殷切的目光,吴运铎立即作出保证:"我的一切都属于党,党叫我干什么,我就干什么!"

枪榴弹震破敌胆

(14) 分别时,罗炳辉送吴运铎到门外,笑吟吟地拍着他肩膀,嘱咐说:"要有信心,要克服一切困难,回去跟大家商量商量吧!"

(15) 离开师部,吴运铎骑马回到天长北面仙墩庙兵工厂。他翻箱倒柜,查找各类武器生产的资料,在一本杂志中找到了一篇介绍枪榴弹的文章。

枪榴弹震破敌胆

(16)"枪榴弹这种武器威力大,符合罗师长要求!"吴运铎立即收集敌人的掷弹筒和各种迫击炮弹,不分白天黑夜地摆弄、研究。他顾不上吃饭、休息,遇到难题就跟大伙研究解决,夜以继日地工作。

87

(17) 半个月后,他们制造的第一支枪榴筒和第一批枪榴弹出世了!随即进行射击试验。头一枪会是什么效果呢?大家充满了期待。

枪榴弹震破敌胆

(18)"轰隆"一声,火光一闪。爆炸声中,远处的尘土卷着烟雾向上冲起,弹片呼啸着四处飞。

89

(19) 首次试验就获得成功！大家高兴地围拢起来，相互紧紧握手、庆贺。只有吴运铎知道，虽然试验成功了，但枪榴弹飞行不稳定、射程不够远。

枪榴弹震破敌胆

(20) 在研制枪榴弹的日子里，罗炳辉一直关注了解研制情况，并捎来战利品慰问他们。罗炳辉的深情厚爱激励了吴运铎。他重新设计图纸，修改弹型，重新配置无烟火药。

91

(21) 经过不断地调整、修改，终于又迎来了试验。吴运铎和同事们一大早就来到试验场，装好枪榴弹，朝荒地打了一枪，远处传来低沉的爆炸声。一量距离，枪榴弹射程达到540米！

枪榴弹震破敌胆

(22) 罗师长交代的任务顺利完成了！吴运铎带着两个兵工战士，扛着枪榴筒，挑着枪榴弹，来到师部汇报。罗炳辉立即安排布置靶场。

(23)罗炳辉、二师老政委郑位三、周骏鸣等人来到靶场，靶场上人山人海。射击开始了，枪榴弹精准地飞向目标，每一发都命中靶板。顿时，场上响起了暴风雨般的掌声和欢呼声："太好了！""真棒啊！"

枪榴弹震破敌胆

(24) 试验完，罗炳辉高兴极了，他紧紧拉住吴运铎的手，既表示亲切祝贺，又寄予更大希望。

(25) 考验枪榴弹的机会来了!这年秋天,好几百人的日伪军进犯路东抗日民主根据地。二师五旅十三团从汉涧出发,在桂子山与敌人激战。

枪榴弹震破敌胆

(26) 战斗中,枪榴弹像倾盆大雨般飞向敌人,炸得日伪军人仰马翻,在被打死180多人后狼狈逃走。枪榴弹首次立功。

(27) 五旅旅长成钧特意把一支从日军军官身上缴获的手枪送给吴运铎,作为制造枪榴弹的奖励。

枪榴弹震破敌胆

(28) 不久,一大队日伪军到抗日民主根据地抢粮。日军爬到半山腰,坐在山洼里休息,叫伪军去打头阵。

(29) 伪军翻过山梁,新四军部队的枪榴弹从他们头顶上飞穿过去,不远不近落在山洼里的日军休息处,炸死了十几个日本兵。

枪榴弹震破敌胆

(30) 日军吓呆了,新四军从哪儿弄来新式武器,威力这么大,炸得这么准?他们拔腿就跑。伪军见势不妙,也跟着仓皇逃命去了。枪榴弹又立了大功!

(31) 有一天，罗炳辉通知军工厂，他要来讲话。开会那一天，军工厂所有的职工都到了，再加上部队、民兵、群众，足有七八千人。

枪榴弹震破敌胆

(32) 吴运铎想不到的是,这样大规模的会议主题之一就是他。罗炳辉热情洋溢地说:"我们说需要什么,运铎同志就去搞什么,而且就能搞出来!淮南兵工事业有今天的大发展,与他的努力是分不开的!"

(33) 一股暖流传遍了吴运铎的全身。在罗炳辉等首长的关怀和鼓励下，吴运铎不断成长，被誉为"中国的保尔·柯察金"，他的自传体小说《把一切献给党》影响了一代又一代中国人。

苦练巧训出精兵

罗炳辉从严治军。他强化军事训练，带战士跳越水沟、过独木桥。他身体力行，刀劈铜板。他用拔剑、寻稻草人等多样有趣的活动培训战士。他所带的部队成为一支能打硬仗、攻必克、守必坚的劲旅。

(1)1944年3月的一天,罗炳辉师长一行人骑马奔驰在通往张公铺的道路上,他们要赶到二师兼淮南军区独立四团一营去考核战术训练成果。独立四团是一支从天长等地方武装成长起来的部队。

苦练巧训出精兵

(2) 一大清早,一营营长就在紧张地调动部队。部队到齐后,方阵与方阵之间互相拉唱《保卫黄河》《新四军军歌》等歌曲,歌声此起彼伏。

(3) 罗炳辉穿着一身整洁的军装,大步走进操场。一营营长跑出队列,高喊一声:"立正!"几百双脚一起站定,手中紧握着擦的雪亮的步枪。

苦练巧训出精兵

(4) 平时的罗炳辉平易近人,和蔼可亲,而今天的他到了操场,神态严肃。他问:"人都到齐了吗?"营长大声回答:"报告师长,都到齐了!请检阅!"

(5) 罗炳辉骑上马，开始检阅部队。他从一队队排列整齐的队伍前走过，战士们用崇敬的目光迎送着。罗炳辉举手还礼，神态威严而慈祥。

(6) 下午，进行战术考核。行进途中，队伍遇到一条不到两米宽的水沟，但罗炳辉没有下令停止前进。战士们一个个纵身跳起，个别战士掉到水沟里，溅了两脚泥，但也坚持跑过去了。

(7) 不久,队伍又遇到一条小河,只有一根独木横在河上。一些新战士不敢过去。罗炳辉高声喊道:"赴汤蹈火都不怕,走个独木桥怕什么?"说完,他带头在独木桥上走了个来回。

苦练巧训出精兵

(8) 那些不敢过桥的战士看到罗炳辉师长如此勇敢，都克服了恐惧，打起精神，一个个地都走过了独木桥。

(9)过完独木桥,罗炳辉安排了投弹、拼刺刀、土工作业、侦察摸哨等军事技术训练。战士们的操练没有让罗师长失望。

苦练巧训出精兵

(10) 罗炳辉笑着对随同的营长、教导员说:"对!就要这样加紧练,细磨出快刀,苦练出精兵,提高军事素质,就得靠平时苦练!只有平时多流汗,才能战时少流血!"

(11) 严格的军事训练让部队战力得到极大提升。1945年6月,独立四团对伪军王牌部队盘踞的东沟据点发起进攻。经过激战,敌人被全歼,独立四团被二师师部授予"金刚钻团"光荣称号。

苦练巧训出精兵

(12) 罗炳辉身为一师之长,军事训练时十分注重身体力行。有一次,他指导部队战士练劈刀,让人找来16个铜板,摞起来放在一块青石板上。

(13) 他脱掉棉外衣,手提大刀,走到青石板前,屏住呼吸,高举大刀。只见一道耀眼的寒光,耳听"咔嚓"一声,手起刀落,16块铜板一下子被劈成32个半块。

(14) 训练场上沸腾了起来,喝彩声、掌声此起彼伏。罗炳辉大声地问:"你们看,是铜板硬,还是鬼子的脑袋硬?"战士们纷纷回答:"当然是铜板硬,鬼子的头是肉做的啊!"

(15) 他又问:"要是我们的大刀砍在鬼子头上,会怎么样?"战士高声答道:"那鬼子就回老家啦!"

(16) 罗炳辉的示范表演很有效果，战士们纷纷苦练刀法，多次在战斗中同敌人搏杀，杀出了威风，令敌人闻风丧胆。

(17) 不久后,在一次战斗中,二师一个连打退伪军的多次进攻,子弹打完,连长下令:"准备大刀!和敌人拼了!"数十把大刀齐刷刷地插在战壕前。伪军得知是罗炳辉的部队,吓得自动撤退了。

苦练巧训出精兵

(18) 只要一有时间,罗炳辉就会组织部队训练,战士都说他的训练"名堂多"。一天,罗炳辉来到机枪排,把战士们集合到村口的一棵大树下。

(19) 大家以为罗炳辉要讲话,可他一言不发,拿过一把长剑刺进树干四寸多深,转身笑着说:"你们一个一个去拔剑,谁能拔出谁有奖。"

苦练巧训出精兵

(20) 排长第一个拔,接着班长拔,然后战士拔。他们个个使出全身力气,牙齿咬得咯咯响,汗珠直往下滴,但就是拔不出剑来。

125

(21) 新来的炊事员买菜回来,凑近看到战士们拔剑的样子,忍不住笑起来,说他能拔出来。战士们认为他在吹牛。罗炳辉看到了,招手让炊事员过来试试。

苦练巧训出精兵

(22) 炊事员两腿叉开，右脚在前，左脚在后，弯腰伸手，握住剑柄，猛一使力，剑拔出来了。众人一片喝彩。

(23) 一个战士不服气地说:"报告首长,这个不能算数。""为什么?""我们拔了好一会,剑活动了,他当然容易拔出啊!""叫他再拔一次,我们就佩服了。"另一个战士补充说。

苦练巧训出精兵

(24) 剑又刺进了树干里，比上次刺得更深。炊事员摆出同样架势，又将剑拔出来。为让战士们服气，罗炳辉让炊事员第三次拔剑，仍拔出来了，战士们无不佩服。

(25) 罗炳辉要他谈谈经验,炊事员不好意思,红着脸说:"首长,我全是些土办法,小沟里的泥鳅——算不上正经菜呀!"罗炳辉说:"土办法能练出真功夫,为什么不能说呢?我还想听听!"

苦练巧训出精兵

(26) 炊事员说："小时候家里穷，没柴烧锅，就去拔草掰树枝。拔了十二年，酒盅粗的小树，一使劲，也能连根拔起。"

(27)炊事员说后,罗炳辉画龙点睛地说:"苦练出真功。一个机枪手,没有强大的臂力,怎能端得稳打得准?怎能保证战斗的胜利?"

苦练巧训出精兵

(28) 通过拔剑，罗炳辉给战士们上了一堂生动的培训课，还发现了一个人才——炊事员。他把炊事员调到机枪排。经过训练，这名炊事员很快就成为一名优秀的机枪手，后来他又当上了机枪排排长。

(29) 一天，罗炳辉来到某连三排，叫每个战士扎一个稻草人，胸前随便写上敌人名字，背后写上自己名字，注明方向。扎好后，他让战士把稻草人放在各自床铺前。

苦练巧训出精兵

(30) 这天深夜,天色漆黑。罗炳辉下命令叫醒战士,不带武器装备,只带上自己扎的稻草人到操场集合。

(31) 整好队，罗炳辉对战士们说："现在做个游戏，各人把自己扎的草人，按草人上写的方向送到二里地以外的地方放好。自己的自己送，不许互相传送，送完回来休息。"

苦练巧训出精兵

(32) 天快亮时,突然响起集合哨。战士们又来到操场。罗炳辉手执一炷烧着的香宣布:"现在各人去找回自己的'敌人',香点完前必须回来,出发!"战士们迅速离去,各自奔向自己的目标。

(33) 香快烧完时,战士们从四面八方陆续回来了。点灯一看,三分之一的战士找对了,三分之二的战士找错了。找错的战士急得满头冒汗。

(34) 夜里放草人时,他们没有注意方向、地点、地形特征,一下没有找到。于是,他们接着寻找,到了中午,却只找到十个,还有两个被野狗拖跑了。

(35) 下午全排集合，罗炳辉说："一个军人无论行军还是侦察，认清方向、辨别情况、弄清虚实、判断正误是很重要的。做不到这些，在战场上就有可能是牺牲品！"战士们齐声答道："知道了！"

苦练巧训出精兵

(36) 这场近似游戏、别样有趣的演习，使这个排发现了自己的弱点。全排加强夜间军事训练，终于成为一支善打夜战的"夜老虎"战斗队。

(37) 陈毅代军长对罗炳辉严格训练部队的做法给予充分肯定。1941年6月,在新四军军分会扩大会议上,他说:"罗炳辉同志在二师整天和指战员搞在一起,这种精神是好的。"